子ども体幹トレーニング

監修：澤木一貴
（SAWAKI GYM）

② ブレずにピタッ！

すずき出版

はじめに

　きみはふだんよくころんだり、すぐよろけたりしないかな？ケガをしやすかったり、スポーツをしているときに体が思うように動かなかったりすることもあるんじゃないかな。

　そうなってしまう原因は、「体幹」の筋肉の弱さにあるんだ。体幹とは、手足や頭、首をのぞいた胴の部分に、肩の関節や股関節をくわえた部分のこと。ブレない体をつくったり、スポーツなどで動き出したりするときに、体幹の筋肉は大切だよ。

　このシリーズでは、あらゆる動作の基本となる体幹の筋肉をきたえる体幹トレーニングのやり方を解説しているんだ。1巻「背すじがシュッ！」では、正しい姿勢をたもつのに役立つ体幹トレーニングを紹介するよ。2巻「ブレずにピタッ！」では、いろいろな動作をしているときに必要なバランス能力を高めるのに役立つ体幹トレーニングを紹介。3巻「スポーツでキラッ！」では、さまざまなスポーツの動作に役立つ体幹トレーニングを紹介するよ。

　スポーツがあまり得意ではない人も、もっとうまくなりたい人も、楽しくできるトレーニングだよ。この本を通して、みんなが体を動かす楽しさを体験してくれたらうれしいな。

澤木一貴
(SAWAKI GYM)

もくじ

この本の使い方

本書で紹介しているトレーニング名の一部は、みんなが
やってみたくなるように、編集部でアレンジしました。

効果のあるところ
体のどの部分に効果があるのかを
イラストで紹介します。

QRコード
トレーニング名の
左上についている
QRコードから、
体幹トレーニング
の動画を見ること
ができます。

ポイント
体幹トレーニング
をするうえで気を
つける点や、意識
して行ってほしい
点を解説します。

チャレンジ
メインの体幹トレーニ
ングを発展させたト
レーニングを紹介しま
す。動きを少しかえた
ものや、負荷を強くし
たものがあります。

敵とバトル！
体幹トレーニングをし
て、体幹を弱らせる敵
をやっつけていくこと
で、ゲーム感覚で楽し
くトレーニングを進め
ることができます。

この本をよく読んで、動画で動きを確認しながら安全にトレーニングを行おう！
できるだけ、おとなの人に見ていてもらおう！

体幹トレーニングでバランス能力をアップ！

▶ ダイナミックストレッチ

ダイナミックストレッチは、体を軽く動かしながら
筋肉をのばす運動だよ。スムーズに動ける体をつくり、
ケガをふせぐ効果があるんだ。体幹トレーニングを
する前にしっかりとやろう！

▶ ニーハグストレッチ（左右交互に3回ずつ）

ストレッチ中は、呼吸を止めずにやってね！

1 パワーポジション（→9ページ）の
体勢から、のび上がりながら
右ひざをかかえる

ストレッチをはじめやがったな！

ポイント
のばした手は指先まで
ピンとはってね

ポイント
ひざが胸につく
ぐらいまで、
上げよう！

ポイント
片足立ちに
なったら、
ピタッと
止まるよ！

ピーン！

ピタッ

▶ スタンディングクアドストレッチ（左右交互に3回ずつ）

1 パワーポジションの体勢から、のび上がりながら
おしりの後ろで右手で右足の甲をつかむ。
左手は天井にむけてまっすぐのばす

▶ レッグスイングリニア（左右各**3**回）

① 左足で立ち、左腕と右足を前にふり上げ、右腕を後ろにふる

② 右腕を前にふり上げ、左腕と右足を後ろにふる。①〜②をくり返す

やりにくいときは、かべに手をつくか、おとなにささえてもらってやってもいいぞ！

ポイント 背中が丸まらないように気をつけよう！

ポイント 腕と足を思い切りふろう！

▶ レッグスイングラテラル（左右各**3**回）

① 左足で立った体勢から、両腕を右にふり上げ、右足を左にふる

② 両腕を左にふり上げ、右足を右にふる。①〜②をくり返す

両腕と片足をのばしたまま、ふり子のように大きくふろう

ブン！

うわっ

ポイント 左足のつま先は正面にむけたままだぞ！

▶ パワースキップ（左右交互に10回ずつ）

元気よく行って、
体をあたためて、
関節の動きを
なめらかにしよう！

1 まっすぐに立つ

2 左手を前にふり上げながら
右ひざを上げ、左足で
小さくジャンプする

ポイント
体をまっすぐ
にたもつように
気をつけよう

トン

3 反対側の手と足も
2 と同じ動きをし、
その場でくり返す

トン

ポイント

手をいきおいよく
ふり上げ、ひざを
おへその高さまで
引き上げよう！

8

身につけよう!

パワーポジション

パワーポジションは、「立つ」「すわる」「ジャンプする」などの動きをする前の、腰をおとして準備しているときの体勢だよ！ さまざまな動きにおいて、パワーポジションは基本の体勢になるんだ。この本にも、パワーポジションをとる体幹トレーニングがたくさんあるので、身につけておこう！

ななめから

頭から腰まで
一直線になる

パワーポジションの
体勢をとれないと、
動き出すときに全身に
うまく力が伝わらないぞ！

股関節、ひざ、
足首をまげて
軽く腰をおとす

ひざとつま先が
同じ方向をむく

正面から

手は胸の前で
あわせる

土ふまず（足のうらの内側・真ん中
あたり）に体重をのせる

足は肩はば
ぐらいに開く

パワーポジションの
体勢をとってみよう！
どこかいたいところや、
つらいところがあって、
長くたもてなかったら、
ストレッチ（→6〜8ページ、
36〜37ページ）を
しっかりしてね！

9

きみの今の体幹をチェック！ 📷 バランス編

自分のバランス能力がどれぐらいあるのか、下のチェックシートを使って調べてみよう。あてはまる□に○をつけてね。

※このページをコピーして使おう！

1 目を閉じて、両手を腰にあてて片足で30秒間立つ

- □ できる
- □ できない

2 体を前にたおして、指先を床につける

- □ できる
- □ できない

両足をそろえて、ひざはまげない

3 片足をもう片方の足のすぐ前にふみこんで、モデルのように10歩歩く

- □ できる
- □ できない

足はばにマスキングテープを2本はり、その上をはみ出さないように歩く

4 オールフォーススタビリティ（→1巻18ページ）の体勢を10秒間たもてる

- □ できる

ピタッ　ピタッ

- □ できない

グラ　グラ

1 できる **2** できる
3 できる **4** できる
に○をつけた人は、2点ずつ入るよ！
できないは0点。
きみは合計何点かな？

8点 ▶▶▶ 体幹マスター

きみの体幹はだいぶきたえられているね。これからもこの本の体幹トレーニングをつづけて、バランス能力を高めていこう！

6〜4点 ▶▶▶ 体幹チャレンジャー

きみは体幹をもう少しきたえよう！　この本の体幹トレーニングをどんどんやって、バランス能力をみがこう！

2〜0点 ▶▶▶ 体幹見習い

きみは体幹が弱いようだ！　この本の体幹トレーニングをしっかりやって、バランス能力を少しずつ高めよう！

ソロ体幹トレ

ここでは、バランス能力を高めるための体幹トレーニングのうち、いつでもどこでも、ひとりでできるトレーニングを10個紹介するよ。

ドラゴンフライ バランス

片足（かたあし）で体重（たいじゅう）をささえながら、バランスをとるトレーニングだ。背中（せなか）やおしりの筋肉（きんにく）、ハムストリングス（太（ふと）もものうら側（がわ）の筋肉群（きんにくぐん））が使（つか）われていることを、意識（いしき）しながら行（おこな）おう。

効果（こうか）のあるところ

お腹（なか）　背中（せなか）　おしり　ハムストリングス

▶ 回数（かいすう）：左右交互（さゆうこうご）に**2秒（びょう）ずつ×5回（かい）**

❶ まっすぐに立（た）つ

❷ 左足（ひだりあし）を後（うし）ろに上（あ）げ、両手（りょうて）を広（ひろ）げた体勢（たいせい）から、上半身（じょうはんしん）を前（まえ）にたおし、その体勢（たいせい）を2秒間（びょうかん）たもつ

トレーニング中（ちゅう）は、呼吸（こきゅう）を止（と）めずにやってね！

1、2

ポイント
頭（あたま）から上（あ）げた足（あし）のかかとまでが一直線（いっちょくせん）になるようにしよう

ポイント
ハムストリングスをのばすことを意識（いしき）しよう！

❶～❷の動（うご）きを左右交互（さゆうこうご）に5回（かい）ずつやろう！

ドラゴンフライバランス！で
グラグーラの手下（てした）Ａをやっつけた。

1TP（トレーニングポイント）**をゲット！**

やーっ!!

▶ バランススイミング

片足で立った体勢で、泳ぐように手を動かそう。お腹や背中の筋肉をきたえられるだけでなく、さまざまな動きをしているときでも、ブレにくい体になるぞ。

▶ 効果のあるところ

肩
お腹
背中
太もも

▶ 回数：左右各1回

❶ 右足で立ったまま、クロールのように両腕を左右交互に5回ずつ動かす

ポイント
ひざができるだけ下がらないように気をつけよう！

ポイント
肩の関節から大きくまわしてね！

❷ 右足で立ったまま、平泳ぎのように両腕を5回動かす

スイスイ

グラグラしろ～

13

③

右足で立ったまま、
背泳ぎのように
両腕を左右交互に
5回ずつ動かす

ポイント

腕を後ろに
まわすときに、
バランスをくずさ
ないようにお腹に
力を入れよう

ビョーーン

④

右足で立ったまま、
バタフライのように
両腕を5回動かす

①～**④**の動きが
おわったら、
足をかえて同じ
動きをしよう！

バランススイミング！で
グラグーラの手下Bをやっつけた。

1TPをゲット！

フッ！

▶ スタンディング ニートゥーエルボー

片足を体に引きつける動きで、太ももやお腹の筋肉をきたえ、バランス能力も高めるぞ。これらの筋肉は、さまざまな運動をするときにも役立つのだ。

▶ 効果のあるところ

お腹　わき腹　太もも

▶ 回数：左右各5回

1 肩はばぐらいに足を開いて、右手を天井にむかってのばし、左足をななめ後ろにのばす

ポイント
腰を安定させるため、左手を腰にあてておこう！

2 いきおいよく右ひじと、左ひざをくっつける

タッチ

ポイント
リズミカルにやろう！

ピン！

3 **1**の体勢にもどる。あと4回同じ動きをくり返す

ポイント
ひざをまげてリズムをとってもいいぞ

おわったら反対側の足と手で、同じ動きをしよう！

15

「スタンディングニートゥーエルボー」が楽勝だった人は、
スタンディングニートゥーエルボープラスをやってみよう！
もっと体幹が強くなるぞ！

チャレンジ

▶ ## スタンディングニートゥーエルボープラスのやり方

① 肩はばぐらいに足を開いて、両手を天井にむかってのばし、左足をななめ後ろにのばす

② いきおいよく下ろした両腕と、上げた左足の太ももをくっつける

③ ①の体勢にもどる

リズミカルに
ピシッときめよう！

スタンディングニートゥーエルボープラス！　会心の一撃！
グラグーラの手下CとDをやっつけた。

2TPをゲット！

16

片足ドロップ スクワット

運動をするとき、体がブレずにピタッと止まるには、お腹やおしりの筋肉が大切になってくるんだ。片足ドロップスクワットできたえよう。

▶効果のあるところ

股関節　お腹　おしり　足関節　ひざの関節

▶回数：左右交互に**5回**ずつ

ななめから

1 足を肩はばに開いて立ち、両手を上げる

ポイント
ひじを軽くまげておこう

正面から

トレーニング中は、呼吸を止めずにやってね！

2 両手を上げたまま、右ひざを直角にまげて上げる

足をふみかえ！

ポイント
両手は後ろに引くよ

ポイント
床についた足をしっかりとふみしめよう！

トン

3-1

いきおいよく両手を後ろに引き、腰をおとして、片足立ちのパワーポジション（→9ページ）の体勢になる

3-2

同時に右足をトンと下ろし、左足を上げる

17

上半身をおこし、両手を上げて右足のひざをのばす

ポイント
左足は上げたままだぞ

-1

いきおいよく両手を後ろに引き、腰をおとして、片足立ちのパワーポジション（→9ページ）の体勢になる

-2

同時に左足をトンと下ろし、右足を上げる

トン

上半身をおこし、両手を上げて左足のひざをのばす

片足立ちの体勢をたもちづらいようであれば、はじめは片足を上げないでやってみよう！

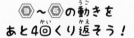
❸〜❻の動きをあと4回くり返そう！

片足ドロップスクワット！でグラグーラの手下Eをやっつけた。

1TPをゲット！

けんけん バリエーション

片足だけでジャンプをくり返すけんけんとびで、バランス能力を高めることができるぞ。前後左右にけんけんとびをしても、ブレない体をつくっていこう。

▶ **効果のあるところ**

お腹　おしり　太もも　足関節　ふくらはぎ

▶ 回数：左右各**5**回　▶ 道具：マスキングテープ

1 マスキングテープを、床に十字にはる

あそんでんのか？

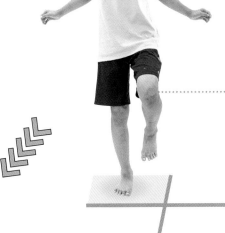

2 十字にくぎったスペースの中で右後ろの位置に立ち、左足を上げる

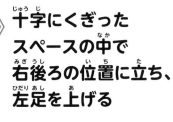

ポイント
足を軽く上げるよ！

3 前→左→後ろ→右の順で、左まわりに十字でくぎったスペースをけんけんとびする

ポイント
腕の反動をあまり使わないで移動しよう

ピョン

ピョン

ピョン

ピョン

19

④ **左足を下ろさずに、左→前→右→後ろの順で、右まわりに十字でくぎったスペースをけんけんとびする**

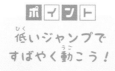

ポイント
低いジャンプで
すばやく動こう！

→ピョン

ピョン

ピョン

ピョン

ポイント
着地するとき、
かかとが
床につかない
ようにしよう！

足を下ろして
しまえ～

5回おわったら
反対の足にかえて、
同じ動きをしよう！

けんけんバリエーション！で
グラグーラの手下Fをやっつけた。

覚悟しろ～！

○→○→○→○→○→○→○→○

1TPをゲット！
トレーニングポイント

グラグーラ親衛隊があらわれた！

親衛隊！？

おちついて！
トレーニングをつづけよう！

ペットボトル ストライドオーバー1

股関節の可動域（動かせるはんい）が広がると、バランス能力が高くなるんだ。ペットボトルを前後にまたぐトレーニングで、股関節の可動域をグーンと広げよう！

▶ 効果のあるところ

股関節　お腹　太もも　おしり

▶ 回数：左右各**5**回　　▶ 道具：ペットボトル（500㎖）

1 ペットボトルの後ろに立つ

2 「1、2」のリズムで右足を上げ、1歩前に出しながらペットボトルをまたぐ

3 「1、2」のリズムで右足をもどし、あと4回同じ動きをくり返す

ポイント
腰を安定させるために、両手を腰にあてておこう！

ポイント
股関節を大きく動かそう

ポイント
できるだけ、ひざを高く上げよう！

1

2

1

2

ポイント
またいだとき、床をしっかりとふみしめよう！

できるだけペットボトルを見ないように、背すじをのばしたままやってみよう！おわったら足をかえて同じ動きをしよう！

ペットボトルストライドオーバー1！で親衛隊1をやっつけた。

2TPをゲット！

ピシィ!!　ピシィ!!

21

ペットボトル ストライドオーバー2

ペットボトルを左右にまたいで、股関節の左右の可動域を広げよう。前後左右に股関節の可動域が広がれば、バランス能力がアップするだけでなく、ケガもしにくくなるぞ。

▶ 回数：左右各5回　　▶ 道具：ペットボトル（500㎖）

▶ 効果のあるところ

股関節　お腹　太もも　おしり　内もも

① ペットボトルの左側に立つ

② 「1、2」のリズムで、右足を上げて1歩横に出しながらペットボトルをまたぐ

③ 「1、2」のリズムで右足をもどし、あと4回同じ動きをくり返す

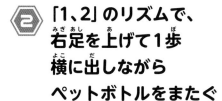
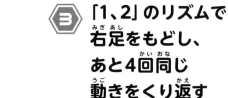

ポイント
できるだけひざを高く上げよう

ポイント
またいだときに、自分の真ん中にくる位置にペットボトルをおこう！

1

ポイント
股関節を大きく動かそう

1

2

2

おわったらペットボトルの反対側に立って、左足で同じ動きをしよう！

ビョーーン

ペットボトルストライドオーバー2！で親衛隊2をやっつけた。

2TPをゲット！

トーッ！

▶ ペットボトル ウィンドミル

バランス能力を高めるには、わき腹の筋肉も必要だよ。
ペットボトルをもって体を横にたおす運動は、わき腹の
筋力アップに効果があるぞ。

▶ 効果のあるところ

肩
わき腹
ハムストリングス

▶ 回数：左右各5回　　▶ 道具：ペットボトル（500㎖）

1、2、3

1 両足を大きく開き、右手でペットボトルを天井にむけてもち上げた体勢から、「1、2、3」のリズムで左手が左足首にとどくまで体を横にたおす

ポイント
左足のつま先を横にむけよう！

ポイント
ひざはまがらないようにね！
体のかたい人は、ひざがまがらないはんいで、行ってね！

2 「1、2、3」のリズムで **1** の体勢にもどす。あと4回同じ動きをくり返す

ポイント
ペットボトルをもっている手は、体を横にたおしたときも、天井にむけておいてね！

1、2、3

ポイント
背すじはのばしたままだ！

おわったら手と足をかえて、同じ動きをしよう

ペットボトルウィンドミル！で
親衛隊3をやっつけた。

ハーッ！

2TPをゲット！

クッション片足スイング

ハムストリングスは、バランスをとったり走ったりするときにはたらくんだ。クッション片足スイングで、ハムストリングスをパワーアップしよう。

▶回数：左右各**10回** ▶道具：クッション

▶効果のあるところ

お腹 おしり 太もも ハムストリングス

① クッションを右足のひざのうらにはさみ、まっすぐ立った体勢から、「1、2」のリズムで両腕と右足を前後に10回ふる

① 。

ポイント
目線は前にむけて、頭が動かないようにしよう！

ポイント
太もものうらが、つってしまう人は無理しないでね！

おわったらクッションをはさんでいる足をかえて、同じ動きをしよう！

② 。

ポイント
腕と足を大きく思い切りふろう！

トレーニング中は、呼吸を止めずにやろう！

クッション片足スイング！で親衛隊4をやっつけた。

2TPをゲット！

24

ペットボトル 90ターンジャンプ

空中でのバランス能力をみがこう。太ももの筋肉の強化の
ほか、自分がどれぐらいの力でとべば90度で止まることが
できるのか、力の入れぐあいを知るのにも役立つよ。

▶ **効果のあるところ**

股関節
お腹
太もも
おしり

▶ 回数：左右交互に**2回**ずつ ｜ ▶ 道具：ペットボトル（500㎖）

いくぞ…

①
ペットボトルをまたぎ、
腰をおとす

ポイント
浅めのパワーポジション
（→9ページ）の
体勢になるよ！

ひゃあ！
やられた〜

②
ペットボトルを
中心に左に90度
回転しながら
ジャンプする

ピョン

③
ひざをまげて着地する。
あと3回ジャンプして
正面にもどる

おわったら、右に90度回転
しながらジャンプしていくよ！
さらに左、右とつづけるよ

ペットボトル90ターンジャンプ！
会心の一撃！
親衛隊5をやっつけた。

2 TPをゲット！

おのれ〜親衛隊も
やられるとは…

やったぁ〜！

25

おしえて

体幹マン！  片足立ちで行う体幹トレーニングのひみつ

ドラゴンフライバランス（→12ページ）やバランススイミング（→13ページ）、片足ドロップスクワット（→17ページ）など、片足立ちで行う体幹トレーニングがあったね。ふだんの生活ではあまりしない、片足立ちで行う体幹トレーニングがなぜ大切なのかおしえてあげるよ！

① 片足立ちをたもつとき、体のどこがはたらいている？

人間は、全身にはりめぐらされている「神経」がコントロールすることで、バランスをとっているんだ。ただその場で軽く片足を上げておくだけなら、神経があるから筋肉が弱くてもできるよ。でも、上げた足を引き上げつづけたり、重心を調整したりするときには、お腹やおしり、ふくらはぎの筋肉も使うんだ。

いっぽう、サッカーでシュートをするときのような、スポーツの動作の途中で、片足立ちでバランスをとる瞬間には、体幹の筋肉をおおいにはたらかせる必要があるんだ。

※神経：体の機能をコントロールし、刺激などの情報を伝える組織のこと。

② 片足立ちトレーニングで、「ブレずにピタッ！」ときまる体をつくろう

この本のタイトルどおり、「ブレずにピタッ！」と動作やスポーツの動きがきまったらかっこいいよね。

片足立ちの体幹トレーニングだけでなく、ふだんの生活でも意識して片足立ちになることで、トレーニングができるよ。

たとえば、こんな形で体幹トレーニングをとり入れてみよう！

歯みがきしながら片足立ち

イスやベッドから立ち上がるときに片足立ち

友だちとどちらが長く片足立ちでいられるかがまん大会

ペア<ruby>体幹<rt>たいかん</rt></ruby>トレ

バランス<ruby>能力<rt>のうりょく</rt></ruby>を<ruby>高<rt>たか</rt></ruby>めるための<ruby>体幹<rt>たいかん</rt></ruby>トレーニングの<ruby>中<rt>なか</rt></ruby>で、<ruby>家族<rt>かぞく</rt></ruby>や<ruby>友<rt>とも</rt></ruby>だちといっしょに<ruby>行<rt>おこな</rt></ruby>うトレーニング5<ruby>個<rt>こ</rt></ruby>に<ruby>挑戦<rt>ちょうせん</rt></ruby>するぞ！

① パネル1

<ruby>手下<rt>てした</rt></ruby>たちもやっつけたし、この<ruby>調子<rt>ちょうし</rt></ruby>でグラグーラにも<ruby>勝<rt>か</rt></ruby>てそうだな！

イイネ！

ん？

バランス<ruby>能力<rt>のうりょく</rt></ruby>が<ruby>高<rt>たか</rt></ruby>まってきた<ruby>証拠<rt>しょうこ</rt></ruby>だね！

ぬっ

② パネル2

ヒーヒッヒヒー!!<ruby>装備<rt>そうび</rt></ruby>をつけて<ruby>強<rt>つよ</rt></ruby>くなったこのアーマード・グラグーラさまに<ruby>勝<rt>か</rt></ruby>つことができるかな!?

グラグラ

ドーーン

ぶ、<ruby>武装<rt>ぶそう</rt></ruby>してる!?

③ パネル3

<ruby>体幹<rt>たいかん</rt></ruby>マンどうする!?

なんか<ruby>強<rt>つよ</rt></ruby>そう…

メラメラ

グラグラ

ふたりで<ruby>体幹<rt>たいかん</rt></ruby>トレーニングをして、もっと<ruby>体幹<rt>たいかん</rt></ruby>をきたえれば<ruby>勝<rt>か</rt></ruby>てるよ！

④ パネル4

おたがいの<ruby>体<rt>からだ</rt></ruby>をささえたり、<ruby>動<rt>うご</rt></ruby>きをまねしたりするトレーニングもあるよ！<ruby>楽<rt>たの</rt></ruby>しみながらトレーニングをしよう！

よーし！がんばるぞ！

▶ 手押し車

手押し車で肩の筋肉をきたえるよ。ブレずに前に進むには、お腹や背中、わき腹など体幹の筋肉を引きしめることが大切だぞ！

▶ 効果のあるところ

肩　背中　お腹　わき腹

▶ 回数：**20歩**

1 ひとりが四つんばいの体勢になり、もうひとりがパワーポジション（→9ページ）の体勢で相手の足首をもつ

トレーニングをはじめる前に手首をほぐしておこう

ポイント 低い体勢でもってあげよう！

ポイント 背すじをまっすぐにのばそう

ポイント あごを引いて床を見て歩こう

ポイント ひじはのばすよ！

ポイント もつ人は、背中を丸めないように気をつけて！ ✕

20歩なんて無理、無理

ペアの体格差が大きすぎると、もち上げて歩けないかもしれないぞ。無理してやるとケガをするからぜったいにダメ！

ポイント

進むときも背すじをまっすぐにたもとう。お腹が下がると腰がそって、いためる原因になるから注意！

2 **手で歩く人は前に20歩進み、もっている人は相手のスピードにあわせて進む**

ポイント
もっている人はカウントしてあげよう

ポイント
力が弱い人がもつときは、ひじやわきで足をかかえるようにするといいぞ

ポイント
進むはばをせまくして、できるだけおしりがゆれないようにしよう！

1！

2！

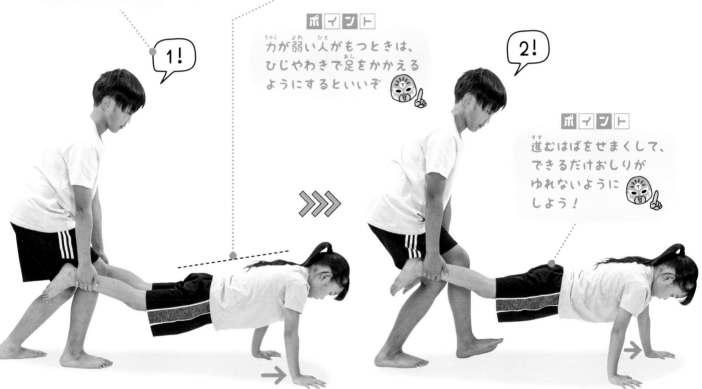

パワーポジションの体勢で足首をもっている人もトレーニングになるぞ！

手押し車！でアーマード・グラグーラにアタック！

アーマード・グラグーラの剣をこわした。

おれさまの剣が〜

2TPをゲット！

▶ 背面手押し車

あおむけの体勢で、手押し車（→28ページ）をする
ように進むぞ。体幹の筋肉をきたえるだけでなく、
肩の関節の可動域も広げられるのだ。

▶ **効果のあるところ**

肩　背中　お腹　わき腹

▶ 回数：**20歩**

1 ひとりが足をのばしてすわり、
もうひとりがパワーポジション
（→9ページ）の体勢で相手の足首をもつ

2 すわった人はおしりを上げて
後ろに20歩進み、もっている人は
相手のスピードにあわせて進む

1！ ポイント
もっている人は
カウントして
あげよう

ポイント
低い体勢で
もってあげよう

2！ ポイント
進むときも、お腹に力を
入れて、おしりが床に
つかないようにしよう

ポイント
もつ人は、背中を
丸めないように
気をつけて！

ポイント
おしりが床につかないよう、
お腹に力を入れよう！

ポイント
進むはばが広いと肩の
関節をいためるから注意！

背面手押し車！で
アーマード・グラグーラにアタック！

アーマード・グラグーラの
かぶとを消した。

2TPをゲット！

かぶとが
消えた！？

▶ 背中あわせ スクワット

どんな動きをしてもブレない体幹を身につけるために、太ももの筋肉をさらにきたえるぞ。ふたりで息をあわせて、チャレンジしてみよう。

▶ 効果のあるところ

お腹　太もも　ふくらはぎ

▶ 回数：**10**回

1 背中をあわせて、足を肩はばぐらいに開いて立ち、おたがいに腕を組む

せーの！

ポイント
背の高い人が下から組んであげよう

2 「せーの！」の合図で、パワーポジション（→9ページ）の体勢まで腰をおとしたら、そのまま上げて**1**の体勢にもどる。あと9回同じ動きをくり返す

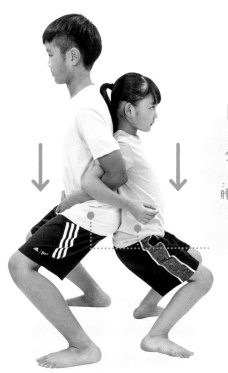

ポイント
ふたりのタイミングをあわせて、腰をおとそう！

背中あわせスクワット！でアーマード・グラグーラにアタック！
アーマード・グラグーラのパワーグローブをこわした。

パワーグローブがあ〜

2TPをゲット！

▶ ミラードリル

相手と同じ動きをするときには、体の動きやスピード、力の強弱を調整しないと、体がブレてしまうぞ。体幹の筋肉すべてを使って、体をコントロールしよう！

▶ **効果のあるところ**

お腹　太もも　おしり

| ▶ 回数：交代で**20秒**ずつ | ▶ 道具：ストップウォッチ |

1 ふたりがパワーポジション（→**9ページ**）の体勢になって、むかいあわせで立つ

ポイント
だれかにスマホのストップウォッチなどで20秒はかってもらおう

ミラー役

指令役

なんだ？まねっこあそびしてるのか？

2 指令役は、自由に動く

！

手を横！

サッ！

ミラー役は、指令役の動きに集中するんだ！

③ ミラー役は、指令役の動きを見たら、すばやく同じ動きをする。指令役は20秒間で、さまざまな動きをくり出す

サッ!

!

ほかにもこんな
動きがあるよ!
きみもいろんな動きを
考えてやってみてね!

つま先に
タッチ!

サッ!

>>>

サッ!

20秒たったら
交代するぞ

ミラードリル!で
アーマード・グラグーラにアタック!

アーマード・グラグーラの
パワーシューズをこわした。

2TPをゲット!

あぁー!
パワーシューズまで
ボロボロに!!

▶ リアクションドリル

体幹の筋肉をコントロールして、すばやく反応してみよう！
体幹がきたえられていれば、ブレずに動けて、ピタッと止まれるぞ！

▶ **効果のあるところ**

お腹　太もも　おしり

▶ 回数：交代で**20秒**ずつ　｜　▶ 道具：ストップウォッチ

①

ひとりがパワーポジション（→9ページ）の
体勢になり、もうひとりは前に立つ

だれかにスマホの
ストップウォッチなどで
20秒はかってもらおう

1回手をたたいたら右へ、
2回手をたたいたら
左へ動いてね！

わかった！

リアクション役

指令役

できるだけ大きく
手をたたいて、
はっきり合図を
伝えよう

②

指令役は1回か2回、手をたたく。
リアクション役は、手をたたく
回数にあわせてきめられた
動きをする。動きおえたら
すばやくもとの体勢にもどる

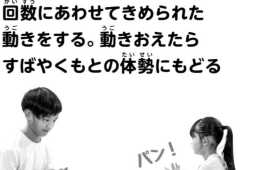
パン！

ピタッ　サッ！
サッ！

パン！
パン！

ピタッ
サッ！
サッ！

1回手をたたく→うつぶせになる
2回手をたたく→ジャンプする

ほかにもこんなパターンがあるぞ！
いろいろ考えてやってみよう！

パン！

ふせ！↓

パン！パン！

ピョン！↑

1回手をたたく→右足と左手を前に出して体をひねる
2回手をたたく→左足と右手を前に出して体をひねる

パン！

ひねり！

パン！パン！

ひねり！

20秒たったら
指令役をかえよう

リアクションドリル！で
アーマード・グラグーラにアタック！
アーマード・グラグーラを
やっつけた。
スキル「ブレない体幹」を
手に入れた。

STPをゲット！

▶スタティックストレッチ

スタティックストレッチには、筋肉をゆっくりとのばして
その状態をたもつことで、運動してこわばってしまった
筋肉をほぐす効果があるんだ。筋肉をこわばったままに
すると、つかれがとれにくくなるから、体幹トレーニングの
あとはしっかりとほぐそう！

▶アキレスストレッチ（左右各30秒）

1 左足を後ろに引き、右足に体重をかけて、
左足のふくらはぎの筋肉をのばす

※アキレスストレッチの「アキレス」とは、アキレス腱のこと。
アキレス腱はふくらはぎの筋肉につながっている部分。

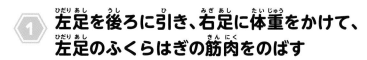

ストレッチ中は、
呼吸を止めずに
やってね！

▶フェンシング（左右各30秒）

1 左足を後ろに大きく引き、
体重を前にかける。
左手を天井にむけて上げる。
左足のつけ根の筋肉をのばす

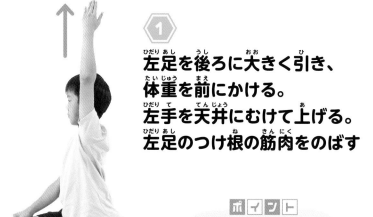

ポイント
つま先は
立てておくよ

だいたい
30秒で
いいよ！

ポイント
かかとは
しっかりと
床につけよう！

ポイント
つま先と
ひざのむきは
そろえておくぞ

▶ソレウスストレッチ（左右各30秒）

1 正座の体勢から左足を前に立て、
手を組んでひざにのせて、体重を前に
かける。左足のふくらはぎの筋肉をのばす

ポイント
かかとは
しっかりと
床につけよう！

▶ バタフライ（30秒）

① 床にすわり、足のうらを
体の前であわせ、足を手でもつ。
鼻から息をはきながら体を前に
たおし、両ひじで両足を押す。
股関節とそのまわりの
筋肉をほぐす

フー

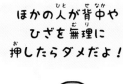
ほかの人が背中や
ひざを無理に
押したらダメだよ！

▶ スプレッドレッグ（30秒）

① 床にすわり、足を左右に大きく開いた体勢から、
鼻から息をはきながら体を前にたおす。
股関節の可動域を広げ、内ももの筋肉や
ハムストリングスをほぐす

ポイント
体を前にたおすとき、
背中がれまらない
ように気をつけよう！

ポイント
ひざは
まげないよ

≫≫

フー

ポイント
足はできるだけ
大きく広げるよ！

体がかたい人は、体を前に
たおさなくてもいいよ。写真のように
後ろに手をついて、胸をはろう！

全力体幹チャレンジ！

トレーニングを組み立ててみよう！

トレーニングを一度すれば、体幹がきたえられるというわけではないぞ！　正しい動きを正確につづけることが大切なんだ。

また、ひとりひとりがもっている筋力にあわせて、無理なくトレーニングを行うことも大切だよ。

「きみの今の体幹をチェック！」（→10ページ）で体幹見習いだったら初級から、体幹チャレンジャーは中級から、体幹マスターは上級にチャレンジしてみよう！

ぐ〜！
このトレーニングをつづけられたら、なかなかとりつけないぞ…

グゥゥゥゥ…

ダイナミックストレッチ
ニーハグストレッチ（→6ページ）
レッグスイングリニア（→7ページ）

バランススイミング
（→13ページ）

スタンディングニートゥーエルボー
（→15ページ）

ペットボトルストライドオーバー1
（→21ページ）

ミラードリル
（→32ページ）

スタティックストレッチ
フェンシング（→36ページ）
バタフライ（→37ページ）

中級（ちゅうきゅう）チャレンジコース

ダイナミックストレッチ
ニーハグストレッチ（→ 6ページ）
スタンディングクアドストレッチ
（→ 6ページ）
レッグスイングラテラル（→ 7ページ）

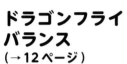

**ドラゴンフライ
バランス**
（→ 12ページ）

**スタンディング
ニートゥーエルボー
プラス**（→ 16ページ）

**片足（かたあし）ドロップ
スクワット**（→ 17ページ）

**ペットボトル
ストライドオーバー 2（ツー）**
（→ 22ページ）

リアクションドリル
（→ 34ページ）

スタティックストレッチ
フェンシング（→ 36ページ）
ソレウスストレッチ（→ 36ページ）
バタフライ（→ 37ページ）

上級（じょうきゅう）チャレンジコース

ダイナミックストレッチ
ニーハグストレッチ（→ 6ページ）
レッグスイングリニア（→ 7ページ）
レッグスイングラテラル（→ 7ページ）
パワースキップ（→ 8ページ）

けんけんバリエーション（→ 19ページ）

ペットボトルウィンドミル
（→ 23ページ）

クッション片足（かたあし）スイング
（→ 24ページ）

ペットボトル 90（ナインティー） ターンジャンプ
（→ 25ページ）

手押し車（ておしぐるま）（→ 28ページ）

背面手押し車（はいめんておしぐるま）（→ 30ページ）

背中あわせスクワット（せなか）（→ 31ページ）

スタティックストレッチ
アキレスストレッチ（→ 36ページ）
ソレウスストレッチ（→ 36ページ）
スプレッドレッグ（→ 37ページ）

[さくいん]

[監修] 澤木一貴（さわきかずたか）

株式会社SAWAKI GYM代表取締役／パーソナルトレーナー

整形外科トレーナーや専門学校の講師として延べ10,000人以上のトレーナーを指導。雑誌『Tarzan』など300冊以上の監修や、多数のトレーニング系書籍、DVDを監修。全国のフィットネスクラブ・ジム・一般企業・学校などで講演を行っている。講演会等のお問い合わせはinfo@sawakigym.comまで。

子ども体幹トレーニング
② ブレずにピタッ!

2022年2月28日　初版第1刷発行
2024年11月15日　　　第2刷発行

監修　　澤木一貴
発行者　西村保彦
発行所　鈴木出版株式会社
　　　　〒101-0051　東京都千代田区神田神保町2-3-1
　　　　岩波書店アネックスビル 5F
電話　　　　　03-6272-8001
ファックス　　03-6272-8016
振替　　　　　00110-0-34090
ホームページ　https://suzuki-syuppan.com/
印刷　　　　　株式会社ウイル・コーポレーション

撮影・動画編集
磯﨑威志 (Focus & Graph Studio Photographer)

撮影協力
一般社団法人日本こどもフィットネス協会

モデル
長橋奏星、栗島美瑚
（JKFA公認クラブFFK YOKOHAMA）

装丁・本文デザイン
株式会社参画社

イラスト
石井里果

校正
夢の本棚社

編集制作
株式会社童夢